BARBÈS

MIRECOURT. — TYPOGRAPHIE L.-PH. COSTET

A. Barbès

HISTOIRE CONTEMPORAINE

Portraits et Silhouettes au XIXᵉ siècle

BARBÈS

PAR

EUGÈNE DE MIRECOURT

PARIS

CHEZ ACHILLE FAURE, ÉDITEUR

18, RUE DAUPHINE

Et chez tous les Libraires de France et de l'Étranger

—

1867

BARBÈS

I

L'homme dont nous allons retracer
l'existence pénible a été surnommé par
Proudhon le *Bayard de la Démocratie.*

Comparer ce coryphée de l'insurrection au preux chevalier du Terrail, c'est
presque se rendre coupable de blas-
phème.

L'héroïsme qui s'égare n'a pas les
mêmes droits à l'admiration que l'hé-

1.–

roïsme dont nos annales et les éloges de
la postérité consacrent la grandeur. Ce-
pendant, une fois cette différence éta-
blie, avouons qu'il n'est pas de figure
dans tout le parti républicain qui porte
à un plus haut degré que celle d'Armand
Barbès l'empreinte de la loyauté et de
la conviction.

Pourquoi ce cœur si noble, entraîné
par le fanatisme politique, n'a-t-il con-
quis, hélas ! que les lauriers de la guerre
civile ?

Devons-nous en accuser le milieu dans
lequel Barbès a vécu ? Oui, peut-être.

Il a pris les idées malheureuses de son
époque ; il a eu foi aux sociétés secrètes,
aux moyens violents, à la régénération
soudaine de sa patrie par un coup de
main : fatal aveuglement, dont les ca-
chots ont été l'expiation, et qu'il paye
encore aujourd'hui par l'exil volontaire
auquel il se condamne.

Barbès naquit, en 1810, à la Pointe-à-Pitre.

Sa famille est originaire du midi de la France, et son père, qui était allé chercher fortune à la Guadeloupe, revint des colonies au commencement de la Restauration, ramenant avec lui son fils très-jeune encore.

Armand fit de bonnes études au collége de Sorèze. Il fut appelé, à la mort de ses parents, à recueillir une fortune assez importante que, plus tard, on le vit consacrer tout entière au triomphe de la cause démocratique.

La révolution de juillet alluma ce cerveau méridional. Barbès se trouvait à Fourton, siége de ses propriétés, dans le voisinage de Carcassonne, lorsque survinrent les émeutes de 1834.

Il quitta précipitamment sa province et vint se lier à Paris avec toute la horde républicaine. Bientôt il fut arrêté, porteur d'une proclamation qui excitait le peuple à la révolte.

On l'emprisonna ; mais de puissants personnages, amis de sa famille, intervinrent.

Après deux mois de prévention, il fut déclaré *n'y avoir lieu à suivre* à son égard (style judiciaire). Notre fougueux démocrate, à quelque temps de là, se trouvait au nombre des individus étrangers au barreau qui, sous le titre de conseil des accusés, furent mandés par la cour, à raison d'une lettre publiée dans l'intervalle dés débats. Il répondit aux juges :

« — Quoique vous nous excitiez par la forme brutale de vos questions, je ne veux pas vous donner le prétexte de faire une nouvelle orgie de pouvoir. Je n'ai ni signé, ni publié la lettre, ni autorisé la publication qui en a été faite. »

Enfin il se posa définitivement chez

les républicains par un coup d'éclat, l'évasion des prévenus enfermés à Sainte-Pélagie.

Voici l'histoire de cette fuite singulière.

Parmi les prisonniers se trouvait un maître maçon. En visitant la voûte d'une cave, dans laquelle M. Kersausie avait obtenu de placer sa provision de vin et de bière, cet homme reconnut que ladite cave se trouvait en partie sous.le chemin de ronde, et qu'il ne fallait qu'un souterrain de peu d'étendue pour communiquer avec le jardinet d'une maison de la rue Copeau.

A la faveur de la liberté qu'on leur laissait dans la cour de promenade, les détenus parvinrent à pratiquer dans le mur de la cave, puis dans les terres, une ouverture de trente pieds de long sur trois pieds de large.

Ce travail terminé, des communications quotidiennes avec le dehors leur permirent d'organiser l'évasion.

Le propriétaire du domicile de la rue Copeau était un vieillard de soixante-dix ans, employé à l'administration de l'assistance publique.

Il se nommait Vatrin.

Sa femme, à peu près du même âge, restait constamment chez elle, avec sa concierge et un domestique. Ils occupaient seuls la maison et n'avaient aucun locataire. Tous les soirs, M. Vatrin allait se promener au Jardin-des-Plantes. Ces circonstances diverses furent connues de Barbès.

Un beau jour, dix minutes après la sortie du vieillard, trois personnes inconnues se présentent chez lui. L'une d'elles entre dans la maison et demande à écrire le motif de sa visite.

C'était Barbès.

Les deux autres, Etienne Arago, directeur du Vaudeville, et mademoiselle Grouvelle, républicaine exaltée, qui figura plus tard dans l'affaire Hubert, restaient à la porte et la laissaient à dessein entr'ouverte.

Sur l'observation de la concierge, qui le priait de fermer cette porte, Arago répondit :

— Je suis avec une dame. Elle rattache sa jarretière dans la rue, et je ne peux pas la laisser dehors.

Pendant ce temps-là, des signaux extérieurs étaient donnés et reçus avec une exactitude précise. Bientôt le souterrain livra passage à trente prisonniers, qui sortirent successivement par une issue pratiquée dans le jardinet.

Ils vinrent frapper aux volets de la maison.

Barbès s'empressa d'ouvrir portes et fenêtres, tout en calmant la terreur de madame Vatrin.

— Rassurez-vous, lui dit-il, ce sont des détenus politiques, de braves garçons qui s'évadent et dont vous n'avez rien à craindre. Voici pour vous dédommager du dégât qu'ils ont fait chez vous.

En même temps il jetait sur une table quinze ou vingt pièces d'or.

Un quart d'heure après les prisonniers étaient libres. Chacun d'eux reçut une somme d'argent, avec l'adresse de la retraite qui lui était destinée.

La police ne put en découvrir un seul.

Dans le nombre de ceux qui durent ainsi la liberté à l'audace et à la générosité de Barbès, on peut en citer plusieurs qui acquirent, depuis, un renom dans les annales démocratiques : Berrier-Fontaine, Cavaignac, Chilman, Guinard, Napoléon Lebon, Guéroult, Vilain, Landolphe, Armand Marrast, Pornin et Vignote.

Etienne Arago et mademoiselle Grou-

velle comparurent devant le juge d'instruction Zangiacomi.

Pour Barbès, il ne fut nullement in-
quiété.

Quelques jours plus tard eut lieu l'at-
tentat du boulevard du Temple, et la
police vint saisir à son domicile une proclamation manuscrite, faite en vue de la
chute du trône de Louis-Philippe.

Mais ne rapprochons pas le nom de
Fieschi du nom de Barbès, de Barbès
qui s'écria plus tard, en police correctionnelle :

« — Fieschi, monstre infernal ! Fieschi, vil instrument fait pour déshonorer
et perdre à jamais le parti politique qui
l'aurait employé ! »

II

L'année suivante, compromis au sujet
des événements de la rue de Lourcine,

il fut arrêté avec Blanqui, dans un hôtel où ils demeuraient ensemble.

Amnistié en 1837, il fut traduit, peu de mois après, devant la cour d'assises de Carcassonne pour délit de presse, à l'occasion d'une circulaire en faveur des ouvriers. Sous prétexte d'un appel à la bienfaisance publique, il avait imprimé, de concert avec d'autres démocrates, un écrit ayant pour titre : *Quelques mots à ceux qui possèdent en faveur des prolétaires sans travail*, manifeste dont la tendance évidente était le nivellement de la propriété.

Car les idées marchaient.

On avait des prétentions beaucoup plus caractérisées que celles des républicains de 1834. Ce n'était plus à l'an VIII, ce n'était plus à l'an III, ce n'était plus à 1793 que ces Messieurs voulaient ramener la France, pour conquérir l'égalité parfaite: Ils prétendaient conférer le pouvoir aux classes qui ne possédaient rien, attendu, disaient-ils avec cette logique aimable dont ils n'ont pas encore abdiqué les préceptes, que « là seulement est la vertu. »

Ils inventaient la fameuse classification des membres du corps social en *exploiteurs* et *exploités*.

C'était avant tout la richesse qu'il s'agissait de réviser, de modifier et de transférer. Le socialisme venait de naître, et ces Messieurs le berçaient avec amour.

Acquitté pour le fait de la circulaire, Barbès fut condamné à un mois d'emprisonnement pour outrage envers les magistrats composant la cour d'assises.

En 1838, il revint à Paris, où on l'accusa de nouveau du délit d'association.

Chez un de ses anciens condisciples, à Carcassonne, la police avait fait la découverte d'une sorte de formulaire par

demandes et par réponses de la récep-
tion des adeptes dans la société des *Familles*. Plus tard, aidé de Blanqui, de
Lamieussens, de Raisant et de Martin
Bernard, il métamorphosa la société des
Familles en société des *Saisons*. Elle
comptait un millier d'hommes, quand la
bataille fut décidée, en 1839.

Au mois d'avril, Barbès se trouvait
encore dans le département de l'Aude,
où il était allé prendre sa part de l'agi-
tation électorale, quand il reçut une lettre d'Auguste Blanqui. Ce dernier l'appelait pour organiser l'émeute. Afin de
dérouter la police, Barbès manifesta le
projet d'aller à Marseille, puis à Toulon;
mais, le 23, il était à Paris.

Le matin du 9 mai, il envoya rue
Quincampoix, chez une vieille femme, la veuve Roux, passementière, qui
jadis avait été son hôtesse, une malle
très lourde, en lui faisant dire qu'elle
contenait des effets et en la priant de la

lui garder jusqu'au retour d'un petit voyage qu'il allait faire à Versailles.

Cette femme déposa la malle dans sa cuisine.

Une revue insurrectionnelle avait été décidée par la société des *Saisons* pour le dimanche 12 mai. Aucun membre n'était prévenu du motif de la convocation ; Barbès, Blanqui et Martin Bernard ne le révélèrent que sur le terrain où l'on savait trouver des armes. Cinquante individus pénétrèrent chez la veuve Roux, qui était absente, défoncèrent la malle pleine de cartouches, et en jetèrent les paquets par la fenêtre à leurs compagnons restés dans la rue.

On donna le signal du départ.

La bande des émeutiers descendit jusqu'au pont Notre-Dame par les rues Saint-Martin, des Arcis et Planche-Mibray, s'arrêta sur le quai aux Fleurs pour charger les armes et marcha droit au poste du Palais-de-Justice.

Elle avait à sa tête un homme de grande taille, maigre, portant barbe et moustaches, vêtu d'une redingote de couleur foncée, et tenant à la main un fusil de chasse à deux coups.

C'était Barbès.

Il se dirigea vers l'officier et lui cria de rendre les armes.

— Plutôt la mort !

Telle fut la réponse du lieutenant Drouineau, qui tomba frappé d'une balle à l'instant même.

Quelques malheureux soldats furent victimes avec lui de la décharge faite à bout portant par les insurgés. Le poste fut envahi ; toutes les armes furent prises, et Barbès se dirigea vers l'Hôtel-de-Ville, où il entra sans coup férir. Il donna lecture d'une proclamation sur les marches.

Mais, apprenant que Blanqui venait d'être repoussé de la préfecture de po-

lice, il abandonna le palais municipal en
toute hâte et se jeta dans les rues étroites
d'alentour, où ses hommes élevèrent des
barricades, que la troupe de ligne dé-
truisit en un clin d'œil.

Barbès fut pris à huit heures du soir,
au moment où il essayait de sortir de
la circonscription dans laquelle se trouvait alors renfermée l'émeute.

Gagnant la rue Jean-Robert, après
avoir quitté celle du Grand-Hurleur, il
fut arrêté par un lieutenant de la garde
municipale, M. Jean-Pierre Leblond, qui
le reconnut pour s'être trouvé déjà face
à face avec lui dans l'affaire de la rue de
Lourcine. Du reste, il avait les mains
ensanglantées et noires de poudre.

On alla prévenir le préfet de police de
cette capture importante.

— Tuez-moi, je vous en conjure, tuez-
moi ! criait Barbès aux militaires qu'on
avait désignés pour le conduire en lieu
sûr.

— Nous ne sommes pas des assassins, dirent les soldats, en réponse à cette prière désespérée.

III

L'ordonnance royale du 14 mai déféra le procès à la chambre des pairs.

M. le baron Pasquier, chancelier de France et président de la chambre, M. le duc Decazes, M. le comte de Bastard, M. le baron Daumont et MM. Barthe et Mérilhou furent chargés de l'instruction.

Devant le tribunal suprême, Barbès prit la parole en ces termes :

« — Je ne me lève pas pour répondre à votre interrogatoire. Si d'autres que moi n'étaient pas intéressés dans l'affaire, je ne me lèverais que pour protester contre vos prétentions judiciaires,

J'en appellerais à vos consciences, et vous reconnaîtriez que vous n'êtes pas ici des juges, mais des hommes politiques venant disposer du sort d'ennemis politiques. Je déclare que, le 12 mai, à trois heures, tous ces citoyens ignoraient notre projet d'attaquer votre gouvernement. Je déclare que j'étais l'un des chefs de l'association. C'est moi qui ai préparé le combat ; j'y ai pris part, je me suis battu contre vos troupes. Mais si j'assume sur moi la responsabilité de tous les faits généraux, je dois aussi décliner la responsabilité de certains actes que je n'ai ni conseillés, ni ordonnés, ni approuvés. Parmi ces actes, je cite la mort donnée au lieutenant Drouineau avec préméditation et guet-apens. Je le dis pour que la France m'entende. C'est là un acte dont je ne suis ni coupable, ni capable. Si j'avais tué ce militaire, je l'aurais fait dans un combat à armes égales, avec un partage égal de

champ, de rue et de soleil. Je ne l'ai pas
assassiné. »

Pour tout le reste il déclara ne vouloir
répondre à aucune question.

« — Ce n'est pas la peine, dit-il : ma
tête répond pour moi ! »

La plupart des témoins reconnurent
Barbès comme le chef des insurgés qui
avaient pris le poste du Palais-de-Justice ; mais quand le président demanda
si l'on avait tiré sur Drouineau avant la
décharge générale et si l'individu qui
avait tiré était le chef de l'insurrection,
les témoignages furent contradictoires.
Du reste, le procès-verbal signé par le
docteur Roy constatait que les blessures
du lieutenant provenaient de coups de
feu partis de droite et de gauche et non
en face. Les coaccusés de Barbès décla-
rèrent que celui qui avait tiré le premier
sur Drouineau était un jeune homme de
vingt-deux ans, nommé Ferrari, mort
dans le cours de l'émeute.

Aux épisodes terribles de ce drame judiciaire vinrent se joindre des épisodes grotesques. Le sieur Casimir Gros, chef de la station des *Favorites,* déposa en ces termes :

« — J'étais à mon bureau, lorsque j'entendis la détonation d'un pistolet. Voyant paraître l'un des insurgés, je le crus atteint d'un coup de feu et je lui dis : — Vous êtes blessé? Il me répondit brutalement : — Non! Jamais un Français n'est blessé! » *(Rires dans la salle.)*

En présence de l'obstination de Barbès à se taire, le président Pasquier lui dit :

« — Je dois humainement vous avertir que, si vous avez le moyen de repousser des dépositions *aussi formelles,* il serait contraire à la raison de ne pas en user. En aucun pays du monde il ne peut y avoir de situation politique auto-

risant un citoyen à se mettre à la tête
de gens armés, pour attaquer et tuer
des soldats chargés de maintenir la paix
publique, et cela sans déclaration de
guerre. Je n'admets la possibilité d'une
guerre civile en aucun cas ; mais, ici
surtout, il y a une sorte de sentiment
qui avertit les hommes que, même marchant les uns contre les autres, ils ne
doivent pas commettre un meurtre de
sang-froid. »

Barbès répondit fièrement :

« — Je n'ai pas la prétention de dis-
cuter avec vous les situations politiques.
Mon système, c'est d'imiter l'Indien.
Lorsque la fortune de la guerre l'a fait
tomber au pouvoir de ses ennemis, il
n'a pas recours à des paroles oiseuses
pour éviter la mort : il offre tout bonne-
ment sa tête à scalper. Je fais comme
l'Indien. »

Le réquisitoire du procureur général

Franck-Carré fut écrasant. Il traça le portrait des républicains en quelques phrases aussi justes qu'énergiques.

« Organiser la guerre civile, troubler par les armes le calme d'une population paisible, jeter dans les familles le deuil et l'effroi, faire couler en une heure dans nos rues plus de sang que les crimes vulgaires n'en répandent en une année dans toute la France ; rien ne coûte à ces hommes, rien ne les arrête, rien n'est capable de les corriger d'une obstination maudite. Leur foi suffit à leurs yeux pour les absoudre et leur audace pour les honorer. Ils parlent de leur cause comme si elle était légitime, de leurs efforts comme s'ils n'étaient pas criminels, de leurs combats comme s'ils n'étaient pas impies ! »

Etienne Arago, défenseur de Barbès, s'éleva très-énergiquement contre l'accusation d'assassinat.

« Barbès, dit-il, est un homme politique ardent ; mais c'est le modèle de toutes les vertus humaines, des vertus privées comme des vertus publiques. Voyant autour de lui végéter dans la misère et dans la souffrance un trop grand nombre d'hommes pour qu'il lui fût possible de les secourir tous, il leur dit : On vous a fait des promesses qui ne se réalisent pas. Depuis longtemps nous attendons, c'est trop longtemps attendre ! Et il descendit dans la rue. C'est un insurgé, ce n'est point un assassin. »

La Cour, avant de prononcer l'arrêt, crut devoir demander à Barbès s'il n'avait rien à ajouter pour sa défense.

« — J'ai, répondit-il, à protester encore et définitivement contre l'accusation d'avoir assassiné Drouineau. Si vous refusez de me croire ; si, par cela même que je n'ai pas voulu vous reconnaître pour mes juges, vous me condamnez aussi sur ce second chef, que je repousse, non comme plus grave, ce n'est pas mon intention, mais parce qu'il est injurieux, je remercie le destin d'avoir été choisi entre beaucoup pour donner à la noble cause dont j'ai été le serviteur la plus grande preuve de dévouement, pour lui faire le plus grand de tous les sacrifiees. Je ne parle pas du sacrifice de ma vie, je parle du sacrifice de mon honneur. Les jeunes victimes que Tibère faisait déflorer, avant de les livrer au bourreau, en étaient-elles moins pures aux yeux du ciel et aux yeux des hommes ? »

Déclaré coupable du fait d'insurrection, Armand Barbès fut déclaré, en outre, *l'un des auteurs* de la mort du lieutenant Drouineau, et la cour des pairs le condamna à la peine capitale.

L'impassibilité qu'on avait remarquée chez lui durant les débats ne l'abandonna point pendant la lecture du sinistre arrêt. Il se contenta de dire :

« — Je m'y attendais, c'est bien ! Seulement je regrette que d'autres condamnations soient prononc´es, car je suis seul coupable. »

IV

On sait comment la clémence de la cour citoyenne, sollicitée par une famille en pleurs et par Victor Hugo, commua la peine d'Armand Barbès en celle des travaux forcés à perpétuité.

Le chef de l'insurrection du 12 mai a raconté ses impressions, au moment où il s'attendait d'une minute à l'autre à être conduit à l'échafaud, dans une brochure qui a pour titre : *Deux jours de condamnation à mort.*

Bientôt on le transféra au Mont Saint-Michel. C'était là qu'il devait subir sa peine.

Dans le volume qui concerne Blanqui,
nous raconterons les traitements bar-
bares ordonnés, ou tout au moins auto-
risés par le ministère de l'époque, contre
les captifs retenus dans cette prison d'É-
tat. Mieux valait dresser pour eux l'é-
chafaud que de leur accorder une grâce
dérisoire qui se traduisait en un martyre
incessant. Tantôt l'on apprenait qu'un
de ces malheureux, n'y pouvant plus tenir et perdant tout à la fois force et pa-
tience, avait eu recours au suicide. Tantôt c'était un autre dont la raison venait
de s'enfuir, ne laissant plus aux gardiens des geôles qu'un corps à suppli-
cier.

Fulgence Girard, dans son *Histoire
du Mont Saint-Michel*, nous donne à ce
sujet d'horribles détails. Jugez-en par
le récit de l'étudiant Béraud que nous
lui empruntons :

« Je vis ma chambre envahie par
vingt bourreaux, le sabre nu, la fureur

3.

dans les yeux. On me saisit et on me
mit les fers aux pieds et aux mains. Le
serrurier fut appelé pour les river ; on
me traîna ensuite aux loges par les fers
des pieds et en me frappant à plusieurs
reprises. Arrivé aux loges, je demandai
l'inspecteur ; on me menaça du bâillon
si je ne me taisais pas. Les fers avaient
fait enfler mes pieds et mes mains. J'es-
sayai, au bout de vingt-quatre heures,
d'arracher un clou à la muraille ; j'y
parvins avec mes dents, et, après deux
heures d'efforts, je réussis, en tournant
la vis, à desserrer un peu mes fers. Mais
ce fut pour mon malheur. Le soir, une
ronde de gardiens vint les visiter, et
Turgot, s'apercevant qu'ils étaient des-
serrés, me maltraita et envoya chercher
un tourne-vis. Avec l'aide de Gaillard,
il tourna vigoureusement la vis, et aussitôt le sang jaillit. Je sentis mes os
broyés. La douleur m'arrachait des cris;
mais ils tournaient toujours.

« Voyant que j'avais encore mes lu-
nettes, il me les arracha.

« *Des misérables comme vous*, me
dit-il, *ne doivent rien avoir*.

Puis, tirant son sabre, il ajouta d'un
ton furieux de menace :

— *Le premier qui raisonne, je le lui
passe à travers le ventre!*

« Je tombai évanoui sur les dalles et
je restai sans connaissance, tant les
douleurs que j'éprouvais étaient vives.
Ils me laissèrent ainsi, et pendant la
nuit ils revinrent régulièrement visiter
les anneaux qui m'entraient dans les
chairs. Ainsi firent-ils toute la journée,
de deux heures en deux heures, et la
nuit suivante. Le surlendemain, huit
heures après la visite du médecin qui
vint pour juger de mon état, on m'enleva
ces fers. Déjà malade d'une affection de
poitrine avant d'aller aux loges, ma situation empira beaucoup. Je fis de nou-

veau appeler le docteur et je réclamai ses
secours.

« — C'est inutile, Monsieur, fut sa
réponse.

« — Comment, inutile ?

« — Eh ! sans doute. Vous n'avez plus
que onze mois à rester en prison ; d'ici
là, vous ne mourrez pas.

« — Mais je puis mourir le lendemain
de mon départ.

« — Cela ne me regarde plus !

« Et il sortit. »

La cellule où on retenait Barbès était
située à l'étage inférieur du local connu
sous le nom de *Grand exil* et plus vul-
gairement appelé *Cachot des doubles
grilles*. On y entre par le bas du grand
escalier, dont la construction est due à
Guillaume de Lamps. Cet escalier mène
à la plate-forme du *Saut-Gautier* et à
l'église.

Barbès était en proie, lui aussi, à une affection de poitrine.

Il ne se plaignait pas et souffrait sans espérer de remède à son mal. Enfin le gouvernement, effrayé des révélations indiscrètes des journaux, lui accorda l'autorisation de respirer un air moins meurtrier que celui du Mont Saint-Michel.

On le transféra dans une prison de Nîmes.

Ce fut là qu'il reçut la nouvelle de la révolution de 1848 et l'annonce de sa mise en liberté.

V

Il vole aussitôt à Paris, où il arrive le 1er mars.

A sa descente de la voiture de Clermont, il est reconnu par trois hommes du peuple qui lui sautent spontanément au cou. L'ex-captif du Mont Saint-Michel ne peut maîtriser son émotion et pleure de joie.

— Mes amis, dit-il aux ouvriers, ce n'est pas tout que d'avoir été grands pendant le combat, il faut se montrer généreux après ,la victoire. Pour moi, je mourrais de chagrin, si je savais faire endurer à mes ennemis vaincus le quart de ce qu'ils m'ont fait souffrir depuis neuf ans.

Nobles paroles dont nous garantissons l'authenticité, et qui peignent le cœur de cet homme étrange.

Barbès fut nommé colonel de la douzième légion de la garde nationale. Il eut en outre la présidence d'un club installé dans la salle du bal Molière.

Ce club se mit en rapport avec la *Société des Droits de l'homme*, reconstituée par le citoyen Villain, avec l'appui d'une portion du gouvernement provisoire, pour contrebalancer l'influence du club Blanqui.

On sait qu'un des plus somptueux locaux du palais ci-devant Royal avait été mis à la disposition de l'état-major de ladite *Société des Droits de l'homme*. Elle prenait pour drapeau politique la fameuse déclaration de Maximilien Robespierre. Son but était de réunir le plus d'adhérents possible, afin de les grouper en clubs-succursales dans tous les arrondissements de Paris, dans les principaux centres de la banlieue, et de les organiser en sections armées.

Le club de Barbès s'appelait *Club de la Révolution*.

Sans contredit c'était le plus tumultueux et le plus bruyant de tous. Il était rare qu'on pût s'y expliquer, avec la parole du moins.

Un soir, le président trouva sur son fauteuil le quatrain qu'on va lire :

C'est à qui dans ton club parlera le plus haut.
De ce concert cacophonique
Je conclus que toujours, malgré la République,
Nous avons une cour, la cour du roi Pétaud.

La très-grande majorité des membres de ce club étaient de véritables *sans-culottes*, dans toute l'acception du mot. Ils se donnaient pour mission d'élaborer une multitude de décrets, qui, à l'avènement du dictateur Barbès, devaient trouver leur application immédiate.

Néanmoins il y avait des impatients que cela ne contentait qu'à demi. L'un d'eux formula ses griefs par cet autre quatrain jeté dans l'urne :

Ah ! que nous serions satisfaits,
Si, toujours patriotes,
Au lieu de faire des décrets,
Vous faisiez des culottes !

Ce terrible club avait donc son côté ridicule.

Ainsi, par exemple, Barbès avait dé-

cidé que les candidats choisis pour figu-
rer à l'Assemblée nationale seraient
portés en triomphe. Et, désirant que la
chose se fît en bon ordre, il avait désigné
deux des citoyens les mieux membrés de
l'assistance pour prêter leurs épaules
aux triomphateurs.

Voilà ce qu'on appelle un impôt établi
sur la vigueur musculaire.

Barbès, après chaque séance, payait
leur travail, à cinquante sous l'ovation.

De ce qui précède, on ne doit pas
conclure précisément que le *Club de la
Révolution* n'était qu'une assemblée de
fous et d'énergumènes. [1] Il s'y prononça

1. Un des membres les plus violents de ce
club était le citoyen X..., ex-commis chez un
illustre éditeur de la rue de Seine, qui l'avait
cité en police correctionnelle pour abus de
confiance. Un frère et ami révéla tout à coup
que ledit citoyen était inscrit à la police sous le
numéro *mille*. Sommé de s'expliquer, X..... dé-

parfois de belles paroles, et notre devoir est de les recueillir. Certain démagogue épileptique ayant osé crier un soir à la tribune :

— Il faut deux cent mille têtes !

— Ah ! mon ami ; tu as perdu la tienne, lui dit Barbès.

Une autre fois, quelqu'un ayant prononcé le nom de la citoyenne Sand :

— Ne me parlez pas de cette femme-là, dit le président. C'est un bas-bleu usé qui fraternise avec les tricoteuses pour se refaire.

Lors de la distribution des drapeaux à l'Arc de l'Étoile, le colonel Barbès à cheval s'avança au milieu des plus vifs applaudissements, et dit au gouvernement provisoire :

clara à ses collègues du club qu'il ne reconnaissait pas leur juridiction et prit la fuite. (Voir à ce sujet le livre de M. Alph. Lucas, intitulé *Clubs et Clubistes*, pag. 230.)

« — Si la légion que j'ai l'honneur de commander est la dernière par son numéro d'ordre, elle sera la première, soyez-en sûrs, à défendre la République ! »

Élu représentant du peuple par le département de l'Aude, il alla s'asseoir à l'extrême gauche, à côté d'Étienne et d'Emmanuel Arago. Dès le début, il se posa en républicain socialiste et jeta la terreur dans les rangs de la droite. Les journaux du temps recueillent à ce sujet un détestable calembour, prononcé en pleine chambre.

« — Ma parole d'honneur, c'est un vrai *Barbès*-Bleu ! » s'écria un représentant légitimiste.

Et, puisque nous en sommes au chapitre des calembours, on accuse formellement le député de l'Aude d'en avoir commis une kyrielle à propos de l'arrivée au pouvoir des citoyens, Buchez, Trélat et Recurt.

« — Puisque nous avons trois méde-
cins au gouvernement, aurait dit Barbès, qu'a-t-on besoin de moi ? Voilà le
pays gouverné par des *ordonnances*, et
nous verrons les *remèdes* que ces gens-
là vont apporter au *corps-social*. Malheur à eux s'ils ne nous font pas jouir
d'une bonne *constitution !* »

Le héros du 12 mai a commis bien des
fautes, et il pouvait se dispenser d'en
accroître le nombre, en blessant le bon
goût par cette atroce équivoque pharma-
ceutique et sociale.

VI

Arriva le 15 mai 1848. Il est notoire
que Barbès, dans son club, s'opposa vi-
vement à cette manifestation dange-
reuse.

Le témoignage du représentant Hippolyte Detours au procès de Bourges en est une preuve évidente.

« Vers le 17 mai, dit-il, j'assistais au banquet des élèves de Sorèze. Une place vide était à côté de moi ; le citoyen Barbès vint l'occuper. Il me demanda quelles étaient mes opinions ; je lui dis que j'avais des idées arrêtées sur les choses, mais non sur les personnes. Il m'invita à assister à une réunion qui aurait lieu, le 24 au soir, chez le citoyen Louis Blanc. Pendant le dîner, il m'exprima les sentiments les plus modérés et les plus généreux, et je dis à un de mes amis :

« — Tu le vois, ce Barbès dont on nous faisait peur, est aussi modéré que nous.

« On parla des Montagnards et des Girondins. M. Barbès repoussa cette distinction et déclara qu'il ne devait y avoir ni Montagnards ni Girondins, du moins

parmi les élèves de Sorèze. Le 14, je
me rendis chez M. Louis Blanc. On y
développa des principes qui sont les
miens : une seule chambre, pas de président. Jugeant à propos de donner
quelques explications, je dis que j'avais
l'honneur d'être catholique et que je
voulais la plus grande liberté religieuse.
M. Barbès parut s'étonner qu'on pût
douter que ces sentiments fussent les
siens. Le citoyen Thoré soutint que la
liberté de discussion devait être entière,
quand même elle irait jusqu'à nier la
République. Un membre de la réunion
dit que la manifestation du lendemain
serait beaucoup plus grave qu'on ne pen-
sait. Barbès s'écria que sans doute c'é-
tait Blanqui et son club qui cherchaient
à donner ce caractère à la manifestation.
Il parla de Blanqui avec hostilité et manifesta chaleureusement le désir de
s'opposer à tout désordre. On comptait
si peu sur la gravité du mouvement qu'on

s'ajourna pour dîner, le lendemain, 15.»

Ainsi finit la déposition de M. Détours.

Revenons à l'histoire de l'Assemblée envahie. Barbès, au moment où les émeutiers parurent, s'élança aussitôt à la tribune, disputant la parole à plusieurs de ses collègues.

—— C'est dans votre intérêt à tous que je veux parler ! s'écria-t-il.

— Nous n'avons pas besoin de votre protection ! répondit le représentant Lacrosse.

Il parvint néanmois à se faire entendre.

— Citoyens, dit-il, que l'Assemblée prenne en considération la requête qu'on lui présente ; qu'elle s'associe au vœu du peuple, et que par conséquent elle déclare que le peuple a bien mérité de la patrie. (« Vive Barbès ! » cria la foule.)

Citoyens, vous êtes venus exercer votre droit de pétition ; ce droit vous appartient, et désormais on ne vous le contestera plus. Maintenant le devoir de l'Assemblée est de prendre en considération la demande que vous avez faite, et, comme le vœu que vous exprimez est positivement le vœu de la France, l'Assemblée aura à décréter ce que vous demandez. Mais retirez-vous, afin qu'elle ne semble par céder à la violence.

Il reparut ensuite à la tribune après Blanqui.

Ses idées de modération avaient alors fait place à une sorte de frénésie révolutionnaire. La contagion du désordre le gagnait.

— Citoyens représentants, cria-t-il, le peuple est à vos portes ! Il veut défiler devant vous. Je demande que vous le lui accordiez, et que, de plus, comme preuve que vous vous associez à ses

vœux, nous descendions, nous les représentants du peuple, et que nous allions
nous mêler dans ses rangs pour lui dire
que la cause de la Pologne est la nôtre,
et que partout où il y aura des opprimés
la France interviendra. Il faut que l'Assemblée vote immédiatement et séance
tenante le départ d'une armée pour la
Pologne, un impôt d'un milliard sur les
riches... (*Plusieurs membres des clubs :*
« — Non ! non ! Barbès, c'est pas ça, tu
te trompes. Deux heures de pillage ! [1] »)
qu'elle défende de battre le rappel ;
qu'elle fasse sortir les troupes de nos
murs, — sinon les représentants seront
déclarés traîtres à la patrie ! (*Tonnerre
d'applaudissements.*)

1. Ceci est en toutes lettres au *Moniteur.*
Néanmoins il faut dire que c'est une interpella-
tion faite au journal, et dont l'auteur est un
M. Cruveilher qui prétendit avoir entendu pro-
férer ces mots par un homme en bras de che-
mise. Il convint qu'il avait eu tort de l'attribuer
à plusieurs membres des clubs.

Quelques minutes après, comme le bruit des tambours arrivait aux oreilles de l'Assemblée, Barbès, dont le cerveau s'exaltait de plus en plus, s'écria :

— Pourquoi bat-on le rappel ? Qui a donné l'ordre de battre le rappel ? Que celui-là soit déclaré traître à la patrie et mis hors la loi ! (*Immense acclamation.*)

Le malheureux se laissait enivrer par les applaudissements populaires, lui qui, nous le répétons, avait été complétement étranger à l'organisation de l'émeute. Il cédait à une sorte d'ivresse et se grisait avec ses discours mêmes.

Barbès est incapable de mentir, et nous allons l'entendre, au procès de Bourges, expliquer sa conduite dans un sens analogue.

— J'étais, en effet, contre la manifestation, dit-il à ses juges. Mais quand j'ai vu la tournure que prenaient les choses, j'ai compris que je devais suivre le mouvement et aller là où se constituent les gouvernements populaires. J'accepte donc la responsabilité de tout ce qui s'est passé ce jour-là. Quand j'ai vu les représentants confirmer en quelque sorte la dissolution et se sauver [1], j'ai pensé que ma place était à l'Hôtel-de-Ville.

Au milieu de la confusion indescriptible qui régnait à la chambre, des hommes du peuple s'emparèrent de la personne de Barbès, malgré sa résistance énergique, et le portèrent en triomphe.

En luttant contre eux, il finit par se trouver mal.

On lui apporta un verre d'eau sucrée. Pendant qu'il buvait, la foule lui cria plusieurs noms pour constituer un

1. Les représentants ne s'étaient pas sauvés ; ils s'étaient retirés dans les salles de conférence.

gouvernement provisoire. Entre ces
fioms était celui de Blanqui.

Barbès, déjà fort pâle, devint livide. Il
regarda autour de lui comme s'il cher-
chait quelqu'un et dit :

— Ne me parlez pas de cet homme-
là ! S'il ose se présenter, je lui casse la
tête ! [1] Nous serons tous tombés, je le
jure, avant qu'il monte au pouvoir.

Il fut alors entraîné par le flot popu-
laire.

Tout en marchant, sa tête s'enflamma
de plus en plus. Le vieux journaliste
Claudon, qui humait sa demi-tasse au
café d'Orsay, le vit passer se dirigeant
à grands pas vers l'Hôtel-de-Ville.

— Diable ! diable ! ah ! ça ils veulent

---

1. Déposition du témoin Eugène Guyon, sous-
inspecteur de chant dans les classes primaires,
alors chef de bureau du gouverneur de l'Hôtel-
de-Ville.

donc faire un nouveau gouvernement ?
murmura Claudon. Décidément, c'est
un *parti pris !*

Ce jeu de mots traduisait à merveille
l'expression de stupeur profonde de la
population parisienne, stupeur qui allait se changer bientôt en indignation et
en colère.

Beaucoup d'ouvriers, voyant passer
Barbès, haussaient les épaules et se
disaient à voix basse :

— Le malheureux ! il est perdu !

VII

Quand la colonne d'insurgés déboucha
sur la place de Grève, elle y trouva la
9e légion, qui stationnait le long du quai,
et dont le colonel donna l'ordre de
croiser la baïonnette ; mais aux cris que

l'Assemblée était dissoute, il fit mettre la crosse en l'air.

Aux portes de l'Hôtel-de-Ville, la garde républicaine fut surprise. Les sentinelles ordinaires en défendaient seules l'approche, et le commandant Rey-ne se doutait de rien.

Voyant arriver la bande révolutionnaire, il descend et se trouve en face de Barbès son ami personnel. Ils n'étaient séparés que par l'épaisseur de la grille.

— Que viens-tu faire ? dit le commandant. Retire-toi, tu vas compromettre la République.

— L'Assemblée est dissoute, répondit Barbès exalté. Nous venons former un gouvernement provisoire et prendre des mesures pour arrêter l'anarchie.

Rey demeura confondu.

Néanmoins la chose ne lui parut pas

impossible, à une époque où chaque jour était marqué par un événement.

— Mon ami, continua Barbès, je t'en conjure, ouvre-moi la grille !

Le commandant flottait indécis.

— Eh bien, dit-il, attends-moi ; je vais chercher des ordres.

Il partit tout courant trouver Marrast, afin de savoir de lui ce qu'il y avait à faire dans la circonstance.

Or, la porte de la grille contre laquelle s'appuyait Barbès avait une serrure, brisée jadis en Février, et dont on avait depuis lors négligé la réparation. Au bas de la porte, un simple verrou, glissant dans le pavé, consolidait, ou plutôt ne consolidait pas la grille. Les insurgés poussent ; le faible appui cède, et plusieurs centaines d'individus pénètrent dans l'intérieur de l'édifice, en criant :

— Vive Barbès ! Vive Albert !

Mais la masse du peuple refuse de les suivre et reste silencieuse sur la place de Grève.

Ne s'apercevant pas du petit nombre de ceux qui l'accompagnent, Barbès pénètre dans le grand salon.

Des secrétaires officieux s'improvisent et, pendant une demi-heure, on copie des listes indiquant le nom des membres du gouvernement. On présente des ordres écrits à Barbès, qui les signe ; puis on ouvre les fenêtres, et l'on jette des proclamations à la foule qui regarde ce mouvement bizarre. Elle se demande si les hommes qui agissent ainsi ont bien toute leur raison : elle les voit presque seuls au milieu de ce palais rempli d'une garnison immobile et entouré de garde nationale.

Quatre heures sonnent à la grande horloge.

Tout à coup on aperçoit, poussant des

clameurs, une colonne de dragons et de gardes mobiles. Deux hommes marchent à la tête ; ce sont Lamartine et Ledru-Rollin.

« Nous étions, dit Barbès, — que nous croyons devoir ici laisser raconter lui-même, — dans la seconde pièce, occupés à rédiger des proclamations, quand un officier d'artillerie de la garde nationale entre brusquement. Je lui demande ce qu'il vient faire, il me répond :

« — Que faites-vous ici vous-même ?

« — Nous sommes membres du nouveau gouvernement provisoire.

« — Eh bien, réplique-t-il, je vous arrête au nom de la loi !

« Tout cela est étrange et même un peu burlesque ; mais j'affirme que c'est ainsi que les choses se sont passées. »

Sur la table du salon de l'Hôtel-de-

Ville, dans lequel furent arrêtés Barbès et Albert, on trouva les proclamations suivantes :

« AUX HABITANTS DE PARIS.

« Citoyens,

« Le peuple ayant dissous l'Assemblée nationale, il ne reste plus d'autre pouvoir que celui du peuple lui-même. En conséquence, le peuple ayant manifesté son vœu d'avoir pour gouvernement provisoire les citoyens Louis Blanc, Albert, Ledru-Rollin, Barbès, Raspail, Pierre Leroux et Thoré, ces citoyens sont nommés membre de la commission du gouvernement. Le citoyen Caussidière est constitué dans les fonctions de délégué de la République à la préfecture de police. La garde nationale reçoit l'ordre de rentrer dans ses quartiers respectifs.

« A. BARBÈS. — ALBERT. »

Une seconde proclamation, écrite sur une feuille à tête lithographiée [1], portait ces mots :

« Le gouvernement provisoire, prenant en considération le vœu du peuple, déclare qu'il va signifier immédiatement aux gouvernements russe et allemand l'ordre de reconstituer la Pologne, et, faute à ces gouvernements d'obéir à cet ordre, la République française leur déclare instantanément la guerre.

« Pour les membres de la commission du gouvernement provisoire :

« A. BARBÈS. »

Le héros de ce livre ne fut transféré à Vincennes qu'à trois heures de la nuit et

---

1. Empruntée aux secrétaires de M. Marrast. Il y avait dessus : RÉPUBLIQUE FRANÇAISE. — GOUVERNEMENT PROVISOIRE. — *Le maire de Paris à... »*

sous bonne escorte, de peur qu'une ten-
tative n'eût lieu pour sa délivrance.

VIII

Apprenant qu'on accusait le trop illustre inventeur de l'*organisation du
travail* d'être venu à l'Hôtel-de-Ville
avec lui, Barbès envoya la lettre suivante au président de l'Assemblée :

« Donjon de Vincennes, 10 juin 1848.

« Citoyen président,

« A chacun la responsabilité de ses
paroles et de ses actes. On accuse le citoyen Louis Blanc d'avoir dit dans la
journée du 15 mai aux pétitionnaires :
« Je vous félicite d'avoir reconquis le
droit d'apporter vos pétitions à la Chambre ; désormais on ne pourra plus vous

le contester. » Ces mots ou leurs équi-
valents ont été, en effet, prononcés dans
cette séance; mais il y a une confusion
de personnes. Ce n'est pas Louis Blanc
qui les a dits, c'est moi. Vous pouvez les
lire dans le *Moniteur*, écrits quelque
part après mon nom. La présente n'é-
tant à d'autre but que de faire cette déclaration à l'Assemblée, je vous prie, citoyen président, de vouloir bien agréer
pour elle et pour vous mes salutations
fraternelles.

« A. BARBÈS. »

En ce bon temps, où les républicains
avaient l'habitude aimable de se calom-
nier entre eux et de se perdre récipro-
quement, cette conduite du prisonnier
de Vincennes méritait quelque reconnaissance.

Muni d'un laisser-passer du pouvoir
exécutif, Louis Blanc vient frapper à la

porte de la prison d'État pour rendre grâces à Barbès de sa lettre généreuse.

L'officier de service, ne pouvant s'opposer à l'entrevue, s'avise de dire à l'organisateur du travail, en matière de plaisanterie :

— Je ne vois pas d'obstacle à cette visite ; mais le citoyen Barbès est logé à la soixante-douzième marche du donjon. Dans l'escalier, sur chaque marche, il y a une sentinelle, et, vu l'exaspération qui règne chez mes hommes, s'il vous arrive malheur, je ne réponds de rien.

Louis Blanc tressaille. Chez lui la reconnaissance est moins forte que la peur.

— En ce cas, balbutie-t-il, je me retire !

Au club de l'*Égalité*, d'énergiques protestations eurent lieu contre l'emprisonnement de Barbès.

On alla jusqu'à établir un parallèle entre ses souffrances et celles de l'Homme-Dieu. « Pauvre peuple ! s'écria le citoyen Thoré dans la *Vraie République,* tu viens de faire comme les prolétaires de la Judée, qui ont aidé, il y a dix-huit cents ans, les Pharisiens à traîner le Christ au Golgotha ! »

La société montagnarde lyonnaise frappa une médaille en l'honneur du captif, avec des bonnets phrygiens à profusion sur la face comme sur le revers, et des légendes mal orthographiées (nos démagogues s'inquiètent peu de la syntaxe), où l'on mentionne la protestation contre le rappel et la demande héroïque de l'impôt d'un million.

Nous retrouvons Barbès au procès de Bourges.

Sur le banc des prévenus, il est assis entre Albert et Sobrier.

« — Je refuse de vous reconnaître

pour mes juges, dit-il à l'ouverture de
la haute cour, et je ne déclarerai même
pas mes nom et prénoms. Si vous vou-
lez, je vais vous expliquer immédiatement le motif de mon refus. Je me demande de quel droit vous pouvez nous
juger. Ce n'est évidemment que par le
droit du plus fort. Si les hommes qui se
trouvaient à l'Hôtel-de-Ville, le 15 mai,
eussent été vainqueurs, vous acclameriez
leur gouvernement comme vous avez ac-
clamé la République en février. Néces-
sairement vous me condamnerez, vous,
tribunal exceptionnel choisi tout exprès
pour cela, vous qu'on a pris parmi les
hommes les plus contraires à nos opinions. Les adorateurs du paganisme, les
sectateurs de Jupiter et de Mercure n'é-
taient pas plus ardents persécuteurs du
Christ que vous, adorateurs du capital,
vous ne l'êtes des socialistes. Entre vous
et nous c'est une guerre à mort. Nous
voulons renverser votre idole de son pié-

destal au profit du peuple et à votre profit à vous-mêmes. Vous, au contraire, vous allez nous condamner à la prison, et sans le décret de 1848, vous nous couperiez la tête... »

Le procureur général demanda qu'il fût interdit à l'accusé Barbès de poursuivre.

BARBÈS. — J'en appelle à tous ceux qui vous entendent, si la journée du 15 mai avait tourné autrement, ceux qui sont ici pour nous juger seraient à notre place !

LE PRÉSIDENT. — Accusé Barbès, dans votre intérêt, je ne puis vous laisser continuer.

BARBÈS. — Dès ce moment, je renonce au débat. Si je parais à une autre séance, j'affirme que ce ne sera que forcé et contraint !

Le jour suivant, Barbès et Albert

ayant refusé de comparaître, il leur fut fait, aux termes de la loi, sommation par un huissier, qu'assista la force publique, et qui dressa procès-verbal de leur résistance.

Alors, sans plus tarder, la Cour rendit un arrêt portant que la présence des deux accusés étant nécessaire, dans l'intérêt de la justice et dans celui de leurs coprévenus, ils seraient saisis par la force armée et amenés à l'audience.

Quelques minutes après, on les vit paraître entre deux gendarmes mobiles.

M. le substitut Avond prétendait avoir entendu Barbès accoler le nom d'*infâme* à la ville de Paris. L'accusé protesta violemment.

« — Quoi ! s'écria-t-il, j'aurais appliqué ce nom à Paris qui a fait le 14 juillet 1789, à Paris qui a fait la révolution de juillet, à Paris qui a fait le 24 février, à Paris, la ville républicaine par excellence, sur laquelle nous comptons pour faire accepter et même pour imposer la République aux provinces !... »

Voilà qui est net et plein de franchise.

Avec des hommes de la nature de celui-ci, on sait du moins à quoi s'en tenir.

IX

Le reste du procès donna lieu à quelques incidents de témoignage assez curieux sur les faits de la journée du 15 et sur les événements de l'Hôtel-de-Ville.

Un tailleur, adjudant-major de la garde nationale de Beauvais, le sieur Vanderberghe, raconta qu'il assistait

avec le capitaine Pichenat à l'arrestation
de Barbès. Il voulut mettre Albert en liberté, mais celui-ci s'écria :

— Si mon camarade Barbès est coupable, je le suis également, et je veux
partager son sort !

— Vous oubliez, citoyen, dit Barbès
en se levant, un fait à votre éloge.
Lorsque nous fûmes arrivés à Vincennes, vous me prîtes les mains, en
disant : « — Pauvre malheureux ! Vous
avez déjà fait tant d'années de prison ! »
Je me félicite de pouvoir aujourd'hui
vous remercier.

L'incident qui marqua la dernière
séance est reproduit tout au long dans
la notice consacrée à Blanqui. Nous y
renvoyons le lecteur.

Barbès fut condamné à la dépor-
tation.

Comme aucun lieu n'était encore fixé

pour ce genre de peine, elle se trouva
naturellement convertie en une détention perpétuelle, et Belle-Isle-en-Mer
garda jusqu'aux premiers jours d'octobre 1854 notre républicain vaincu. Le
5 du même mois, le *Moniteur*, dans
sa partie officielle, contenait ce qui
suit :

« Paris, 4 octobre.

L'Empereur a adressé la lettre suivante au ministre de l'intérieur :

« Saint-Cloud, 3 octobre 1854.

« Monsieur le Ministre,

« On me communique l'extrait suivant d'une lettre de Barbès. Le prisonnier
qui conserve, malgré de longues souf-
rances, de si patriotiques sentiments ne
peut pas, sous mon règne, rester en prison. Faites-le donc mettre en liberté

6.

sur-le-champ et sans conditions. Sur ce, que Dieu vous ait en sa sainte garde.

« NAPOLÉON. »

Voici l'extrait de la lettre de Barbès :

« Prison de Belle-Isle, le 18 septembre 1854.

...« Je suis bien heureux aussi de te voir dans les sentiments que tu m'exprimes. Si tu es affecté de chauvinisme, parce que tu ne fais pas de vœux pour les Russes, je suis encore plus chauvin que toi, car j'ambitionne des victoires pour nos Français. Oui ! oui ! qu'ils battent bien là-bas les Cosaques, et ce sera autant de gagné pour la cause de la civilisation et du monde ! Comme toi j'aurais désiré que nous n'eussions pas la guerre ; mais puisque l'épée est tirée, il est nécessaire qu'elle ne rentre pas dans le fourreau sans gloire. Cette gloire profitera à la nation, qui en a besoin plus que personne. Depuis Waterloo nous sommes les vaincus de l'Europe, et, pour faire quelque chose de bon, même chez nous, je crois qu'il est utile de montrer aux étrangers que nous savons manger de la poudre. Je plains notre parti, s'il en est ·qui pensent autrement. Hélas ! il ne nous manquait plus que de perdre le sens moral après avoir perdu tant de choses ! »

Conformément à la volonté de Sa Majesté l'Empereur, l'ordre de mettre Barbès en liberté sans conditions fut immédiatement transmis par le télégraphe.

Peu de jours après, le journal officiel contenait l'article suivant :

« M. Barbès proteste contre l'acte de clémence dont il a été l'objet, il ne le comprend pas. Voici la lettre qu'il nous adresse :

« Monsieur le Directeur,

« J'arrive à Paris, je prends la plume et je vous prie d'insérer bien vite cette note dans votre journal. Un ordre dont je n'examine pas les motifs, car je n'ai pas l'habitude de dénigrer les sentiments de mes ennemis, a été donné, le 5 de ce mois, au directeur de la maison de détention de Belle-Isle. Au premier énoncé de cette nouvelle, j'ai frémi d'une indicible douleur de vaincu, et j'ai refusé tant que je l'ai pu, durant deux jours, de quitter ma prison. Je viens maintenant ici pour parler de plus près et mieux me faire entendre. Qu'importe à qui n'a pas droit sur moi que j'aime ou non mon pays ! Oui, la lettre qu'on a lue est de moi, et la grandeur de la France a été, depuis que j'ai une pensée, ma religion. Mais encore un coup qu'importe à qui vit hors de ma foi et de ma loi que mon cœur ait ces sentiments ? Décembre n'est-il pas, et pour toujours, un combat indiqué entre moi et celui qui l'a fait? A part donc ma dignité personnelle blessée, mon devoir de loyal ennemi est de déclarer à tous et à chacun ici que je repousse de toutes mes forces la mesure prise à mon endroit. Je vais passer à Paris deux jours afin qu'on ait le temps de me remettre en prison, et, ce délai passé, vendredi soir, je cours moi-même chercher l'exil.

« A. BARBÈS.

« Paris, 11 octobre 1854, dix heures du matin, grand hôtel du Prince Albert, rue Saint-Hyacinthe-Saint-Honoré. »

Deux jours après, le héros de cette histoire partait pour l'Angleterre, où il réside depuis lors.

Au lieu de dire avec Proudhon que Barbès est le Bayard de la démocratie, on peut affirmer à plus juste titre qu'il en est le Don Quichotte. L'illustre héros de la Manche se montrait aussi honnête que brave ; mais chez lui la cervelle absente faisait tort aux qualités les plus précieuses de l'esprit et du cœur.

Barbès, à son exemple, s'est battu toute sa vie contre des moulins à vent.

FIN

Mirecourt. — Typ. L.-Ph. Costet.

www.ingramcontent.com/pod-product-compliance
Lightning Source LLC
Chambersburg PA
CBHW070934280326
41934CB00009B/1871